ÉLECTIONS INSULAIRES.

DISCOURS AUX CORSES

PAR

NAPOLÉON SUSINI

Conducteur des Ponts-et-Chaussées.

La vraie République
est née en Corse.

AJACCIO,
IMPRIMERIE A.-F. LECA.

1871.

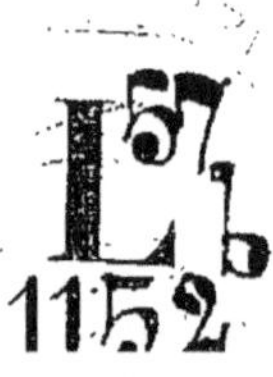

PREMIER

DISCOURS AUX CORSES

ÉLECTIONS MUNICIPALES DE 1871.

Appel à mes Compatriotes sur une petite et utile réforme.

La loi municipale provisoire dernièrement votée, dans des circonstances horribles, par l'Assemblée nationale, ne change en réalité rien à l'état actuel des choses. Par son insuffisant mécanisme, elle facilite toujours les coalitions qui ne s'organisent que dans un but réciproque d'ostracisme entre les familles influentes, et jamais dans un intérêt public. Mais à toute loi, si imparfaite qu'elle soit, les électeurs peuvent apporter dans la pratique, des perfectionnements autorisés et considérables.

C'est ici, c'est sur la vieille terre des Communes que j'aimerais voir naître un mouvement pacifique de réformes sociales, en rapport avec l'esprit du temps.

J.-J. Rousseau en étudiant la Corse, — qu'il a désiré habiter, — nous a défini et expliqué la forme légitime, la seule légitime, divine, du gouvernement du peuple par le peuple et pour le peuple, en un mot, le régime du suffrage direct, le droit permanent, la République. Quoique oubliée dans la récente loi municipale, cette manière d'entendre l'Administration n'en est pas moins appelée à s'imposer dans nos constitutions futures. Ce principe se pratique en Suisse et en Amérique. Dans l'antiquité, au beau siècle de Périclès, c'était la loi. Puisse-t-il de nos jours, avec le progrès et les merveilles de la civilisation, ouvrir chez nous une nouvelle ère de paix, de liberté, d'études et de réformes.

En attendant que notre législation en soit arrivée à ce point, il est utile de limiter l'omnipotence de nos mandataires. Les élus de la Commune ne devraient plus être ses maîtres, ses tyrans, mais rien que ses conseillers distingués, dans l'acception littérale du mot. Je ne crois pas, positivement, que l'on puisse se passer du contrôle du pouvoir central qui, d'autre part, intervient si à-propos, chaque jour, dans la famille. Mais je désirerais voir s'établir et se généraliser l'usage d'une enquête publique sur toutes les mesures proposées par les conseils municipaux. Cette manière d'opérer, que la loi exige dans bien des choses, a donné de bons résultats toutes les fois qu'elle a été appliquée. C'est la meilleure garantie du peuple. L'administration, éclairée par les observations des citoyens, peut juger alors, en toute connaissance de cause, avec une responsabilité que l'on peut rendre effective, l'opportunité des mesures qu'il s'agit d'adopter.

Je demande, en conséquence, qu'une enquête publique de dix jours au moins soit faite sur toute délibération municipale, et que délibération et dossier d'enquête soient adressés à l'autorité compétente chargée de veiller à l'ensemble et à l'harmonie des affaires de l'Ile.

Ce système réduirait, dans de sages proportions, l'importance des fonctions municipales. Nous verrions les luttes électorales perdre cet acharnement de guerre civile, cette fureur qui sème la haine et les rancunes homicides entre les parents et les amis. La corruption électorale, avec ses valets et ses séides, deviendrait légendaire. Le patronage, ce caporalisme féodal, sans gloire et sans grandeur, sans morale et sans principes, qui ne jette à ses clients comme des os aux chiens, que des bribes de places, des faveurs, des aumônes, un sourire, l'ironie; le patronage, suite immonde de mauvaises lois et plaie infecte de notre pays, ne souillerait plus longtemps la terre illustrée par les grands noms de Sampiero, de Paoli et de Napoléon.

Dans l'enquête, chaque citoyen, le premier venu, le petit comme le grand, le riche comme le pauvre, viendrait exprimer, — s'il le juge convenable —, son opinion sur la chose publique. Ici les coteries n'ont pas beau jeu; c'est l'intérêt privé qui parle, s'agite et se défend ! Il y a là un premier frein moral, un *timor di Dio* contre les mauvaises actions, les projets nuisibles, spoliateurs ou oppresseurs qui pourraient germer dans les conseils électifs. Par là, on rétablit une sorte d'égalité entre tous; le plus humble citoyen s'élève et peut discuter paisiblement avec le premier des conseillers; le cœur chaud et patriote, l'ami du bien public, peut balancer l'influence d'une coterie. C'est l'émancipation vraie, tranquille, bien entendue de l'individualité. Un bon avis, d'où qu'il vienne, s'il est sensé, raisonné, pratique, équitable, juste, pourra avoir la chance d'être écouté, et souvent, il faut l'espérer, il arrêtera des décisions désastreuses que des intrigues pourraient surprendre, hélas ! aux administrateurs.

Aussi serait-il du plus haut intérêt pour ces derniers et pour le pays lui-même, d'appliquer d'office à toutes les communes la création heureuse, salutaire de l'enquête.

Mais il serait vraiment plus glorieux, plus digne enfin

de voir les citoyens eux-mêmes employer leur initiative, leur intelligence, leur volonté, leur activité à rechercher pour leurs municipalités, les hommes honnêtes et capables de comprendre, d'accepter, de remplir fidèlement ce programme pacifique.

Nos efforts, Citoyens, honoreraient la mémoire bénie de nos ancêtres. C'était là, sans doute, l'intention de notre illustre législateur, lorsque dans son testament il a voulu fonder une école administrative au centre de l'Ile. Il voulait que chacun fût mis en état de bien connaître les affaires du pays; il voulait, en répandant partout les lumières de l'instruction, affranchir chacun du servage où le maintient encore l'ignorance. Il ne repoussait pas le contrôle du peuple, notre grand Paoli, lui, qui aurait voulu voir traiter les affaires publiques au grand jour et comme dans une maison de cristal.

Corses, le premier des peuples de l'Europe qui avons arboré le drapeau de la liberté, reprenons encore notre belle tradition dans l'ordre des institutions populaires ! Souvenons-nous toujours de cet éloge que nos pères ont mérité de l'immortel auteur du *Contrat Social* : « Il est « encore en Europe un pays capable de législation : c'est « l'Ile de Corse. La valeur et la constance avec laquelle « ce brave peuple a su recouvrer et défendre sa liberté, « mériteraient bien que quelque homme sage lui apprît « à la conserver. J'ai un pressentiment qu'un jour cette « petite île étonnera l'Europe. »

Corte, le 20 avril 1871.

DEUXIÈME

DISCOURS AUX CORSES

ÉLECTIONS DÉPARTEMENTALES DE 1871.

Exposition de la vraie République.

L'antiquité a vécu sur l'esclavage et l'Evangile a adouci, avec le temps, ce dur régime par son dogme de la charité, de la fraternité. Ce fut dans nos montagnes de la Corse, au moyen âge, par Sambucuccio, par l'organisation des communes contre la féodalité, qu'a apparu dans le monde l'idée moderne, le droit, l'égalité, la vraie République.

Puissions-nous nous réveiller et reprendre les traditions républicaines de nos dignes pères corses ! En suivant leurs traces, nous montrerions à nos législateurs attardés la pratique, le perfectionnement légal, autorisé de nos libertés. Inspirés par le souvenir des *consultes* de notre petite Ile, nous n'aurions sans doute jamais voté, pour les conseils généraux, la durée de six ans, une confiscation politique dans notre vie si courte, si précipitée d'événements, et nous aurions voulu donner encore au peuple la part légitime dans la loi municipale.

Depuis longtemps la France s'agite pour avoir la République. Si l'on veut décidément la fonder, la faire comprendre, la faire aimer, il faudrait constituer d'abord la base, l'élément de l'Etat, la commune, comme en Suisse et en Amérique, en restituant à la généralité des citoyens la conduite, le gouvernement permanent de leurs propres affaires communales. L'Assemblée nationale actuelle n'a pas voulu de la simple publication locale des *affaires publiques* de la commune dont on demandait à voir la sincérité, la réalité, la vérité de l'expression. Nous pouvons dire que la connaissance de leurs intérêts spéciaux importe plus aux administrés, qu'elle le sache bien, que celle des dépêches Havas annonçant une interpellation au parlement hongrois ou une insurrection de monténégrins. Mais, sans attendre la loi, notre municipalité ajaccienne s'empressera, je l'espère, de mettre la population, qui l'a nommée, au courant de ses travaux, et que, plus libérale que nos députés, elle daignera publier, à la satisfaction de tous, le sommaire ou l'objet de ses délibérations. Son louable exemple se propagerait vite en Corse, la leçon serait écoutée par le Gouvernement, et la ville d'Ajaccio aurait l'honneur d'inaugurer, *motu proprio*, le commencement de la législation directe, créée, dans le passé, par nos honnêtes ancêtres corses.

La concurrence entre les nations et l'esprit du temps imposent l'établissement du gouvernement du peuple par le peuple et pour le peuple. Comment pourrait-on douter de l'avenir prochain de ce régime, lorsque la démocratie des deux mondes y aspire déjà ouvertement et qu'elle en fait sa religion ! Avec les bateaux à vapeur, les chemins de fer, les télégraphes, les postes, l'imprimerie, la photographie, le grand commerce, l'industrie, toutes choses inconnues des anciens, qui oserait jurer, sans nous outrager et se mépriser soi-même, que le système athénien, l'*ad referendum* suisse est impossible en France ? Cet ennemi du progrès se donnerait le mérite d'un coquin ou d'un idiot.

Pour pratiquer le régime direct, dont on peut hardiment, — et je le désire —, présenter la question au peuple, il faudrait changer nos hypocrites et fausses lois politiques qui provoquent à la guerre civile, à la vente et à l'achat des consciences, à la corruption, à la fraude, à la prestidigitation ; il faudrait admettre le vote simple, rapide et imprescriptible par signature, par devant témoins pour les illettrés du moment et par correspondance pour les voyageurs et les absents ; faire les élections fréquentes, et réduire surtout le despotisme des élus, qui ne devraient plus nous *représenter*, mais rien que nous *conseiller*. A eux, salariés ou non, le soin, la gloire, l'honneur d'étudier, d'élaborer et de présenter les délibérations, les lois ; à nous tous la faculté de les accepter, l'exercice pacifique, pratique de pouvoir au moins les repousser, les ajourner ou les faire modifier. Nous ne voudrions donc que des conseils électifs ayant des mandats impératifs sérieux, très-sérieux les forçant à faire le bien, qui serait leur seule mission, leur unique devoir. Le nôtre serait de recevoir et de jouir du bien avec reconnaissance, comme sans étonnement. Aussi nous nous contenterions parfaitement à nous borner de pouvoir, par nos observations, notre opposition, notre *veto*, arrêter instantanément les erreurs, les usurpations, le mal que des conseils électifs pourraient vouloir perpétrer. L'histoire universelle des défaillances politiques est là d'ailleurs pour nous enseigner que les corps absolus, quoique élus et délibérants, ont parfois fait de leur omnipotence un usage très-criminel. N'avons-nous pas eu, en France, la mutilation du suffrage universel par l'Assemblée de 1849, ingrate, dénaturée pour ce même suffrage qui l'avait mise au jour! L'heure devrait enfin être passée de se donner ingénument à soi-même, sans garanties, des maîtres par l'élection. Soyons prévoyants pour que nous ou nos enfants ne puissions plus être victimes de scélératesses, d'assassinats politiques. Sans abaisser nullement les élus, nous voudrions, comme droit naturel, nous élever jusqu'à eux.

Personne encore n'a abordé, dans les Chambres françaises, cette théorie si juste du *Contrat Social*, sauf le cœur léger d'Ollivier et le prince Napoléon qui se sont permis, pendant l'Empire, en avril 1870, l'un au Sénat, l'autre au Corps législatif, de la dédaigner du haut de la tribune ; mais je crois qu'ils ne peuvent pas faire autorité dans la matière.

Il n'y a que deux formes logiques, honnêtes de gouvernement : l'autocratie d'un souverain incontesté et la République directe. Les systèmes oligarchiques intermédiaires ne pourraiant être que des expédients vénitiens, l'exploitation exclusive et abominable du pouvoir par une caste de privilégiés, de rapaces et malhonnêtes spéculateurs, qui ne songeraient qu'à se créer et à se donner à eux-mêmes, sans travail, sans nulle nécessité publique, de gros traitements, des faveurs révoltantes et de scandaleuses subventions.

La démocratie veut la République directe. Elle est le nombre, la force, le droit ; elle fera nécessairement la loi. Gladstone, ce ministre éminent d'un grand pays, après avoir prédit le règne des ouvriers, a déclaré que son gouvernement ne tracassera pas les idées républicaines qui se propagent, il le voit, dit-il, avec une vitesse prodigieuse, et quand le peuple anglais le désirera, la Monarchie, ajoute-t-il, cèdera sans résistance la place à la République. Le roi de Prusse lui-même, après Sadowa, a spontanément donné le suffrage universel à la Confédération du Nord ; comme Empereur d'Allemagne, il l'a encore imposé aujourd'hui aux souverains, ses nouveaux subalternes, de Bade, du Vurtemberg et de la Bavière, et il le respecte, dans une certaine mesure, jusque dans nos chères provinces perdues de l'Alsace et de la Lorraine.

Y aurait-il encore des gens assez aveugles, assez insensés pour vouloir contester ou mutiler le suffrage universel ?

La République directe peut résoudre pacifiquement, progressivement les grands problèmes du travail pour lequel il faut étudier sans cesse, avec ardeur, une meilleure participation dans la production. L'école dont je m'honore d'aimer la doctrine, l'école des Adam Smith, des J.-B. Say, des Robert Peel, des Pascal Paoli, des libre-échangistes, des amis de la paix et de la liberté, donnera toujours, sur les bases de la justice, le concours de sa science sociale aux aspirations, aux besoins du plus grand nombre. Si, en effet, par le service militaire, la Patrie s'arroge le droit nécessaire de faire appel au sacrifice de la vie de tous ses enfants, eh bien, il convient, en retour, qu'elle assure, dans la mesure du possible, l'existence à ses défenseurs. L'on donne bien au convict anglais la propriété et les moyens de travail en Australie ! Le prolétaire serait-il moins digne de sollicitude ?

L'intérêt de la société, sa sécurité même, lui recommandent de s'ingénier à atténuer les misères humaines, de mettre, dans la limite de ses efforts, chacun à même de gagner honorablement sa vie. Et c'est dans ce but qu'il faudrait créer et propager, jusque dans les plus modestes villages, les institutions de crédit, d'avances ; réformer les impôts multiples et variés qui cachent aux contribuables l'étendue et l'opportunité de leurs sacrifices, et par là les assoupissent et les désintéressent de la vie publique ; établir l'*impôt unique* sur les fortunes, le seul rationnel, économique qui suffirait à nous garantir sûrement, désormais, la paix et la bonne gestion des affaires ; débarasser le commerce de ses entraves : taux légal, douanes et octrois ; abolir les monopoles et priviléges ; faciliter l'acquisition de la propriété foncière à l'égal de la valeur mobilière, et en constituer les titres clairs, faciles par le cadastre ; exécuter des travaux productifs qui créent la richesse et en permettent l'échange : chemins de fer et canaux d'irrigation ; répandre libéralement, à pleines mains, l'instruction, ce meilleur entre tous et le plus indispensable des instruments de travail ; donner dans les écoles, selon les régions, l'enseignement professionnel de métiers utiles, de vraies ressources pour pouvoir vivre partout ; étudier les langues vivantes de préférence au grec et au latin, et l'hygiène générale plutôt que des mythologies ; favoriser avec bon sens la colonisation ; etc.

La vraie République est née en Corse. L'inégalité insensible dans les fortunes, la sobriété, les difficultés de la vie presque partout les mêmes chez nos ancêtres corses, le fier sentiment de la liberté qui les a toujours animés, tout les a portés à proclamer, les premiers en Europe, l'égalité politique des citoyens. C'est uniquement à la force, à la vitalité de l'esprit républicain corse que nous devons, après l'annexion à la France, notre dernière pléidade d'illustrations insulaires : Napoléon, Lucien, Abbatucci, Casabianca, Saliceti, Cervoni, Sebastiani, Pozzo di Borgo, Colonna d'Istria, Savelli, Viale, Casanelli d'Istria, Louis Blanc, Limperani.

A notre époque les merveilles, les miracles de la civilisation mis à la portée du plus grand nombre, le perfectionnement inoui des armes qui égalise les forces individuelles, le savoir qui donne à chacun conscience de sa dignité humaine font espérer le prochain triomphe de la foi de nos pères corses, du règne de Dieu sur la terre.

Dans ce gouvernement de tous par tous et pour tous, les élections devraient être annuelles, et sur toutes les matières devrait pouvoir s'appliquer le droit, le plébiscite vraiment pratique, le *veto* du peuple. En 89, l'Assemblée nationale, éclairée par les mandats impératifs des célèbres cahiers, avait donné le *veto* au Roi. Rien n'était prêt alors pour le faire exercer par le peuple qui pourrait parfaitement aujourd'hui, comme suprême souverain, le pratiquer, sans insurrections, avec célérité, chaque fois qu'on tenterait de le desservir. Toutes les opérations relatives à un vote général pourraient, à mon avis, se faire dans l'espace de moins de 3 heures d'une seule journée, et le résultat pourrait ensuite être connu immédiatement dans toutes les parties de la France.

Dans les affaires communales, le *veto* apparaîtrait, peut être, contre d'onéreux projets d'aliénations gratuites ou à vil prix d'immeubles, contre de grosses et folles dépenses. Ses tentatives même infructueuses éclaireraient fort à propos, dans tous les cas, l'homologation toujours indispensable des délibérations municipales par le pouvoir central, et, d'autre part, qu'on le remarque bien, la crainte du *veto* agirait aussi moralement, d'une manière constante, par la retenue, la pudeur qu'il imposerait à ceux qui auraient des velléites de propositions honteuses, contraires à l'intérêt général. L'opposition populaire ne s'élèverait jamais définitivement contre le bien, et, à cet égard, si l'on invitait le peuple à sortir de son silence, il ratifierait assurément toutes les bonnes résolutions.

Le droit de commandement avec ses responsabilités, à tous les degrés, dans la République, ne devrait se gagner qu'au concours par des examens constatant les capacités, le mérite et les services des candidats. Je ne le comprends véritablement que dans l'armée qui devrait, elle, être tout. Car, si l'on veut conserver et sa langue, et son histoire et son indépendance, si l'on ne veut pas être annexé, conquis, l'armée devrait comprendre, sans exceptions, dans son sein, tous les habitants. Alors nous ne verrions plus quatre uhlans rançonner des villes entières, et l'ennemi envahisseur surexciter et exploiter des divisions intestines. Nos dures expériences devraient bien nous faire reconnaître que l'on ne peut être libre et en paix, ni chez soi ni au dehors, qu'à la condition de l'armement général de la nation. Les Francs, les Normands. les peuples conquérants, comme les Almands de nos jours, étaient tous soldats. Nos pères corses eux-mêmes, avéc cette organisation, purent avoir l'audace héroïque de se défendre à Ponte Nuovo contre la France royaliste, devenue, depuis, notre mère par la Révolution. Un tel plan faciliterait du reste la question actuelle desgrades, si grosse d'orages, de *pronunciamentos*, si on lui donne une mesquine décision.

Au très-grand profit de l'unité vraie du pays, de sa force et de l'économie, il faudrait aussi fusionner et assimiler complètement les administrations civiles et militaires.

En conséquence, dans la paix, le rôle, la fonction de l'armée ou des citoyens envisagés dans leurs devoirs militaires serait d'exécuter fidèlement les mesures et lois non frappées par le *veto*. que doit pouvoir exprimer le peuple ou l'armée dans l'exercice de ses droits civiques. Là seul est l'ordre, la liberté, la garantie mathématique, le salut de la République.

Les résultats immédiats de cette harmonie entre les droits civiques et les devoirs militaires de tous, qui nous sauverait de la guerre, des ruines, des révolutions, du pétrole et de l'ingérance étrangère, seraient entre autres :

1° L'abolition du secret ou de l'hypocrisie dans tous les actes de la vie publique. Chacun, indépendamment du châtiment ou de la récompense méritée et reçue dès son vivant, aurait son histoire, ses archives, vrai paradis ou enfer de sa mémoire, mémoire maudite si l'on a fait le mal, mémoire bénie si l'on a fait le bien. Quant aux indifférents dont la passivité ou la lâcheté se fait complice dans la perpétration des crimes sociaux, Dante a dit :

Misericordia e Giustizia gli sdegna ;
Non ragionam di lor'.

2° La réforme capitale de la magistrature impersonnelle et *irresponsable*, cette hérésie qui s'était faite, plus que Dieu, indiscutable de par les constitutions du second Empire. Les différends ou litiges, dont le nombre immense et l'infinie variété écrasent la présomption impuissante des légistes, seraient, à tous les degrés de juridiction civile, soumis à la compétence sensée de l'homme d'art, arbitre ou prud'homme *unique*, *spécial* et *responsable*. En imposant la juste responsabilité des décisions, oubliée hélas jusqu'ici, l'on mettrait, autant que faire se peut, le frein à l'impunité insolente de l'ignorance et de l'iniquité.

3° La sécurité, ce ciment de la société, serait assurée militairement, — avec le concours personnel et pécuniaire de tous —, par la répression indulgente ou sévère si l'on veut, mais prompte, certaine, inévitable des attentats *matériels*, les seuls réels, commis contre les personnes et les propriétés.

Le moment viendra certainement où la République directe sera présentée et, je l'espère, soutenue par les bons esprits avec tout le droit, toute l'action qu'exige la justice de cette grande et belle cause.

J'aimerais voir naître aussi en Corse un mouvement en faveur de ces idées. Il suffirait de quelques volontaires qui voulussent bien dans les élections départementales, arborer sur notre sol; le glorienx drapeau de *nos propres ancêtres corses*, de la République directe.

En se présentant pour le Conseil général, ilsdevraint avoir en vue le respect du droit populaire dont nous en désirons voir l'exercice fréquent.

A cet effet, pour protester efficacement contre la confiscation légale, pour six longues années, du droit incessible des citoyens, ils devraient, pour le reconnaître et l'assurer, prendrela résolution de donner leurs démissions à la fin de la session annuelle. Cette initiative et ces idées, qui tempèrent l'avidité du pouvoir, mettraient complètement hors de jeu les questions odieuses et sottes des personnalités sous lesquelles s'affaissenotre pays. On dégagerait la lutte du terrain étroit et mesquin des compétitions individuelles qui ne servent qu'à corrompre les électeurs et à ruiner les candidats. On élèverait le concours à la hauteur calme et sereine des principes, et on rendrait par là, je l'affirme, un service signalé, trés-grand, tout nouveau au pays. Le moindre essai heureux de rénovation tentée, dans ce sens, sur un point quelconque de l'Ile, pourrait peut être amener son affranchissement du servage politique où l'ont placé depuis tant d'années d'ineptes législateursoligarchiques. Cette émancipation contre le patronage serait toute aussi remarquable que l'acte célèbre qui, au moyen âge, délivra nos pères corses de leurs seigneurs féodaux, des *caporali*. Dans ces bonnes pensées, le digne et seul contrôle électoral à désirer de ceux dans le cœur répond à l'intelligence serait, selon la tradition et la pratique insulaires, de faire connaître franchement son opinion et ses principes. On se rallierait, on se compterait.

J'aime l'action. A défaut d'un volontaire sur place, là où j'écris, moi, homme du peuple, je prends dans l'élection au Conseil général à Ajaccio, ce programme, ce drapeau

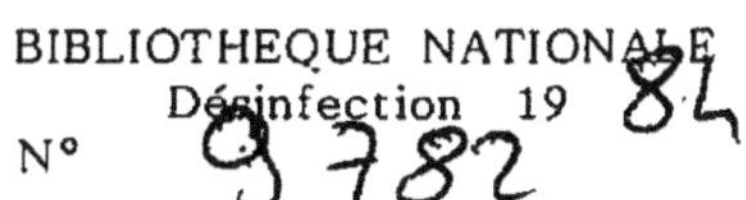

de la République directe, tout en restant prêt à m'effacer, à chaque instant, devant celui, — le bienvenu —, qui, partageant ma Foi, viendrait me relever.

Quoiqu'il advienne, j'aurai le bonheur d'étudier, sinon d'aider, le progrès de l'esprit humain de notre pays que j'admirerai toujours du sommet de la montagne.

NAPOLÉON SUSINI,

Conducteur des Ponts-et-chaussées.

Auteur de la proposition économique et populaire de mise en valeur des biens communaux de la ville d'Ajaccio, qui avait pour but par l'allotissement et l'affermage emphythéotique de ces biens d'augmenter la richesse de la ville et de créer en même temps un plus grand nombre de petits propriétaires. Cette proposition a été vainement soutenue par un conseiller émérite devant ses collègues de la municipalité de 1863, réfractaires aux principes scientifiques de l'Économie politique dont mon projet était une application.

Membre Fondateur de la Ligue internationale et permanente de la Paix (1867).

Ajaccio, septembre 1871.

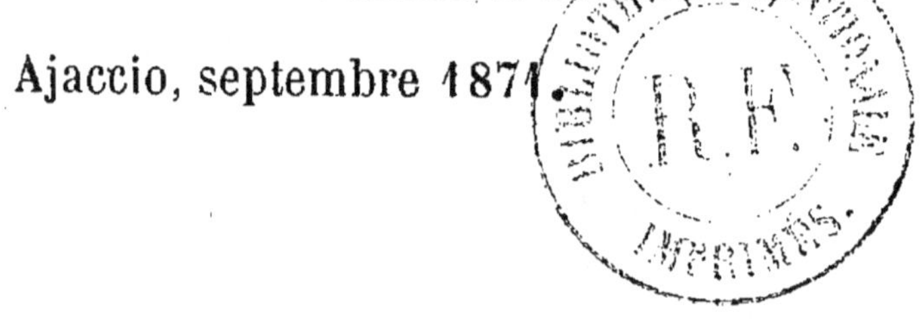

AJACCIO. — IMPRIMERIE A.-F. LECA.

www.ingramcontent.com/pod-product-compliance
Lightning Source LLC
LaVergne TN
LVHW010410240826
846091LV00020B/3513

* 9 7 8 2 0 1 2 4 7 0 3 4 7 *